LA TINAJA
ANTOLOGÍA INCÍVICA

SONAMBULOS

EDICIONES

LA TINAJA. ANTOLOGÍA INCÍVICA
Colección MACASAR

Primera edición: octubre de 2024

© De los poemas ¬ Ismael Istambul Fernández
© Ilustración de portada ¬ Paco Montañés
© Diseño de la colección ¬ Daniel Fajardo
© SONÁMBULOS Ediciones

www.sonambulosediciones.com

ISBN: 978-84-128401-7-9
Depósito legal: GR1186-2024

Impreso en España

LA TINAJA
ANTOLOGÍA INCÍVICA

ISMAEL **ISTAMBUL FERNÁNDEZ**

MAC∀SAR
COLECCIÓN

A mi hermana Sandra.
Y a Noa y Sylvian Fourmont Istambul.

Y a todas (todas) las mujeres, como siempre.

POESÍA INCÍVICA

Javier Díaz Gil

Por definición toda poesía es incívica. Porque la verdadera poesía no debe ser un animal doméstico, una voz servil, un cauce que contemplamos desde la distancia por el que discurre la palabra sin que llegue a mojarnos siquiera. La poesía no debe dejar indiferente al lector. La poesía no puede dejarnos indemnes.

Se hace necesaria la poesía inquieta, díscola, alborotadora, la poesía que no dejando de ser lírica nos invite a reflexionar, que nos interpele y emocione. Una poesía que consiga que cuando terminemos de leerla no seamos los mismos que al iniciar su lectura.

Ismael Istambul ha titulado este libro que tienes en tus manos *La Tinaja (antología incívica)*. Ismael Istambul es un poeta verdadero y su voluntad es clara y es su intención dejarnos huella.

Incívica, en los tiempos que corren, es también la voluntad de transmitir reflexión y conocimiento. Pero si nos damos cuenta, desde la Atenas de Platón que en su *Libro X* de la *La República* defendía la expulsión de los poetas de la Polis por subvertir la *paideia* y el orden establecido hasta nuestra reciente historia española con el asesinato y el exilio de poetas como Lorca, Hernández o Machado, los poetas han representado para el orden establecido un foco de subversión de los valores.

Ismael Istambul busca despertarnos ante la conformidad con el orden establecido y ayudarnos a la reflexión.

Este libro también es una antología, una antología producto de la madurez poética. Recoge los poemas que el tiempo ha ido puliendo y que el autor mantenía inéditos. Estos versos que el paso de los años sostiene en pie, vivos, nos traen la mirada lírica y agitadora de Ismael Istambul sobre el mundo y sobre todos nosotros.

La tinaja, título que recibe también la última sección del libro, es todo un símbolo y una vía para entender la intencionalidad del autor. Por las secciones en las que está dividido y por su actitud veo en este poemario la influencia que ha ejercido en Ismael Istambul, Lao-Tse y su libro *Tao Te Ching*, título que en español podría traducirse por *El libro del sendero*.

Dividido en seis partes, las tres primeras hablan del camino: «A la ida», «Camino de regreso» y «En el camino». Estas tres secciones aluden a esa idea taoísta que nos enseña a vivir en armonía con el tao (la 'vía' o el 'camino'). En esa idea de camino y lo que de él obtenemos para acompañarnos y crecer en la vida tratan los siguientes dos apartados: «Procreación» (un único poema, no es necesario más, para reivindicar la paternidad) y «Nunca es pronto» (donde encontraremos el homenaje a las personas y lugares que le han marcado en el camino).

La última parte, la sexta, «La tinaja», la más lírica y simbólica, me lleva a recordar y traer aquí estos versos del libro citado de Lao-Tse que dicen:

> *Torneamos la arcilla para hacer una vasija,*
> *pero es el vacío interno*
> *lo que contiene aquello que vertemos en ella.*

En torno a esa idea de la tinaja y su vacío gira esa última parte.

Pero este libro no es un libro de enseñanzas tan solo, de búsqueda del camino, que lo es, es también un hermoso poemario en el que el poeta, sabedor del oficio, nos va transmitiendo a través del cuidadoso ritmo, de las metáforas que se repiten en el libro como *leitmotiv*, de las interrogaciones retóricas y las sentencias... nos va transmitiendo, decía, las ideas que lo sostienen y nos llevan de la mano por este sendero de un poema a otro.

Me detendré someramente en cada parte.

En «A la ida», la primera parte, se plantea en el poema que abre la sección y el libro un tema clave: la huida. Así, nos dice:

> *Todos huyen, sin éxito, de la humanidad.*

Dos conceptos claves, «huir» y «sin éxito» se apuntan aquí. Peces, aves, camaleones (agua, aire y tierra) huyen sin éxito.

Y en el segundo poema aparece otro tema clave, la lucha, y la alusión al mito de Sísifo se plantea en *este eterno ir y venir / a la caza de uno mismo.*

Esta idea de lucha, de los días repetidos, sin sentido, del camino hacia la muerte, nos la define Ismael Istambul en estos versos:

> *De nada más se ha escrito*
> *ni se escribirá.*

Pero ante la certeza de lo que nos ata, está lo que nos libera. Fíjese el lector en ese juego de lo rectangular frente a lo circular en el poema «Rectangular». Lo primero es símbolo de lo que nos encadena. Es necesario deshacer la cuadratura del círculo y regresar a lo que nos libera, lo que el poeta define como lo esférico: tus pupilas, el mar, el bosque, el desierto...

Es necesario huir de los días repetidos para refugiarnos en la esfera. Sabiendo que la vida está ahí afuera. Y que la rutina puede ser también una forma de huir, de eludir a la muerte.

Pero en los siguientes poemas, el poeta ya nos interpela, busca despertarnos de la conformidad

> *En la rotonda de la duda:*
> *¿te atreves a cambiar de sentido?*

...

> *Tras la cúspide,*
> *todo esfuerzo previo*
> *transformado en vacío.*

En la segunda parte, «Camino de regreso», aparecen las certezas de este camino de lucha y la constatación de las pérdidas:

> *Mi rostro ajado*
> *en breve recuperará la pureza.*

Donde constatará el poeta que *Respirar es todo.* Respirar es saberse vivo.

Donde la naturaleza y sus símbolos se imponen como lugares de refugio y liberación como ya nos apuntara en el poema «Rectangular»: el sol, la roca, las miradas, el aire, las nubes, el bosque, las estrellas...

En esta segunda parte, las verdades alcanzadas se plasman por Istambul en textos más breves y certeros con títulos de una sola palabra: respirar, brisa, despertar, creación, ahí.

Certezas que nos señalan lugares, lugares adonde el poeta nos invita:

Ahí,
en el zascandil juego
de miradas.

En «En el camino», la tercera sección, están los lugares que permanecen en la memoria. Los simbólicos, como el largo poema «La Mancha», que en la cita de Criado del Val que lo encabeza nos define perfectamente el espíritu del poemario: «el escenario escogido por Cervantes para librar la batalla entre idealismo y realismo». Aquí están los paisajes que son liberación y que apuntaba en las secciones anteriores. Con versos que anuncian lo que vendrá en la última parte, «La tinaja»:

Tú, tierra.
Yo, agua.
Barro que escala
al plácido exilio.

Y el poeta nos hablará de su geografía sentimental y biográfica: Siria y Granada están en los poemas «Alepo...» y «Albaicín». Lo terrible de la guerra frente a la serenidad del paisaje. El idealismo y el realismo que es tema transversal del libro.

Y están los lugares que son mapas sensoriales: la piel, el limonero y la carne:

Y la carne,
mi carne,
se hizo sexo.

Y está la poesía también en ese mapa de los sentidos. En un tono informal e irónico, alborotador y juguetón se pregunta Ismael para cerrar esta sección:

¿Por qué le dio por la puñetera poesía
a un disléxico como yo?

«Procreación» es la cuarta parte. Un único poema, breve, necesario, para dejar constancia de la mayor certeza de su biografía, sus hijos: «Vera y Gael».

«Nunca es pronto», dos adverbios que juntos tienen una connotación negativa, que podríamos traducir por un *siempre es tarde*. Una idea que se opone a la machadiana «Hoy es siempre todavía», sentencia en la que encontramos también tres adverbios de tiempo que nos provocan sin embargo la idea de que *nunca es tarde*.

Capítulo este que Ismael Istambul dedica al paso del tiempo y también al amor y a la necesidad de detenerse a contemplar la belleza. El amor es una conjunción disyuntiva y es azar, y el sexo un alacrán que juega en un poema con estructuras bimembres que son antitéticas: *puta y casta (...) el anhelo y el alarido*.

Los poemas vuelven a ser certeros y breves: «Surco», «Sandra»... O se adelgazan visualmente en «Mach» como la trayectoria de una bala.

Capítulo quinto que también es homenaje a personas que son importantes para el poeta; poemas dedicados a Pablo Palacios, Javier Zaballos, Mario Sanz, Heidy González, Miguel Niño o al poeta Aureliano Cañadas al que dedica el poema «Telémaco Cañadas».

Llegamos a la parte final, la sexta, «La tinaja», la más lírica, la que reúne un número más extenso de poemas. La poesía de Istambul se hace más reflexiva, a veces nihilista, ante esa nada, el vacío del que habla Lao-Tse y cité antes:

... *es el vacío interno*
lo que contiene aquello que vertemos en ella.

Dice Ismael Istambul en el primer poema de esta última parte:

Rellenar ese doloroso vacío
con lo que cada uno quiera,
con lo que cada uno pueda,
con lo que tenga a mano.

Llenar el vacío de las certezas que encontramos en el camino: la naturaleza, el paisaje...

Se adelgazan de nuevo los poemas para ser el poeta más sentencioso, en esta búsqueda de la verdad, como hace en el poema «Vida», para el que le bastan estos dos versos:

Muchos golpes
y alguna caricia.

La vida es un brevísimo instante y en su respiración está el recorrido de nuevo por el aire y el agua, el fuego y la tierra. Y surge la mirada mística del poeta cuando nos dice:

el barro del que estás hecho...

Aparece la identificación de la tinaja y el hombre desde lo religioso: estamos hechos de barro y del aliento vital. Ismael Istambul nos dice:

Invoqué al alfarero
y demás dioses...

Cierran la sección los poemas dedicados a la tinaja ya colmada, destacaré la «Tinaja divina», dedicado a sus hijos.

En este discurso taoísta que puebla el libro, en este camino marcado por la búsqueda de la reflexión y la serenidad, el poeta cierra como no podía ser de otro modo con el poema titulado «Punto de quietud» donde Ismael Istambul quizá nos está hablando del alma y lo metafísico cuando nos pregunta:

¿Y si el punto de quietud estuviera en un lugar
secreto de nuestras entrañas?

Este libro es un camino que Ismael Istambul nos invita a transitar junto a él. Haciéndonos preguntas, reflexionando, tomando partido.

Un libro maduro que quiere ser díscolo, inconforme, incívico. Un libro que no ha de dejarnos indemnes y que se cierra con el epílogo de un poeta admirado, Aureliano Cañadas, con el que compartimos con él universo, poesía y vida.

Amigos lectores, leed con atención y disfrutad de este poemario. De *La tinaja (antología incívica)* sé que no saldréis indemnes. Buen camino.

Junio de 2024

A LA IDA

LA AVARICIA

*Del mismo modo que la avaricia destruye
la vida de hombres, familias y pueblos,
también pondrá fin a la humanidad.*
Leopoldo Márquez

Todos huyen, sin éxito, de la humanidad.

Un torbellino de peces
es vencido por la fuerte marea.

Un remolino de aves
no consigue remontar el vendaval.

El último camaleón
repta por el filo de un precipicio.

Y los humanos,
en su incansable expansión,
huyen también de sí mismos.

PULSO INCESANTE

¿Desde cuándo esta lucha,
este latir difuso,
este eterno ir y venir
a la caza de uno mismo?

¿Desde antes del verano?
¿Desde la última hipoteca?
¿Desde la universidad?
¿Desde la guardería, tal vez?
¿O desde el acto aquel
en que fui fecundado?

¿No es este abismo idéntico
al de mis tatarabuelos
o al de centurias pasadas
o, incluso, al del precipicio
del hombre cuando aún no era hombre?

La vida: huellas en círculo,
pulso incesante.

EN EL TAMBOR

Las ardientes baquetas
buscan sin descanso
aplastarnos
contra la membrana que vibra.

En el seco temblor,
sin perder el equilibrio,
mis dos dedos índices
como tornillos en los oídos,
me protegen del estruendo.

Intento pasar inadvertido,
de perfil,
en los cuarteles de invierno
y de nuevo las baquetas arrecian.
A duras penas sorteo las ciegas embestidas.

Hasta que sus manos se cansen…
Vendrá la gran representación,
si he sobrevivido.

SIN SENTIDO

¡No, no es un soplo,
sino un huracán!

¡Este miedo,
esta melancolía,
esta tarde, esta vida!
¡Esta cínica resistencia
al marchitar inexcusable!
¡Esta afirmación de la negación!

¡No!
Este nuevo día sin sentido
de este juego inútil
no es un soplo,
sino un huracán.

HISTORIA UNIVERSAL

Estrellas,
agua,
luna,
algo de tierra,
una semilla húmeda,
el brote,
muerte.
Eso es todo.
De nada más se ha escrito
ni se escribirá.

RECTANGULAR

I

Rectangular no es solo
el monitor del ordenador,
el teléfono móvil,
la televisión,
el *iPad*,
un folio en blanco,
un listado inconcluso
y cada una de las puñeteras cuadrículas
que conforman la tabla Excel
en que hemos dividido nuestra aparente libertad.

Rectangular también significa
internet,
el trabajo transversal,
un millón de fotos desordenadas,
el pensamiento único,
la felicidad como artificio,
sentarse de lado (jamás de frente),
las líneas discontinuas,
mil contactos superfluos,
un domingo de tiendas,
viajar en el sofá,
ser local y creerse globalizado,

la seguridad que crea más miedo
y el cuento de nunca acabar.

Rectangulares
son los cables y las ondas
que tras construir un muro
nos conectan, pero esta vez
sin aliento, tacto, olfato
y, sobre todo, sin la esfera perfecta
de tus pupilas y
de tu forma de pensar.

II

En el mar encontré
todas las formas
imposibles;
en el bosque también,
y en el desierto.
Todas las figuras:
no la rectangular.

AMPARO

Amparo
frente a la razón,
al cavilar incansable
y a la lucha intestina
de esta alma
contra sí misma.

¿Cómo no refugiarnos
en un periódico,
un libro,
una cofradía,
un *iPhone*
o la charla más banal?

¿Cómo no ampararnos
en la rutina para vencer
a tanto *horror vacui*
y a la razón?

REMAR

Remar, remar, remar,
contra marea,
entre las circunstancias
de isla a cabo
(y viceversa),
de alarido a silencio quedo.

Remar, remar, remar
contra uno mismo,
hacia la línea del horizonte
(frontera vacua)
           que no tocarás jamás.

SALA DE VISTAS

A los abogados de «línea de frente».

Nada se mueve,
excepto mecánicos labios.
Leve olor a sudor, muy leve.
Ahí fuera resopla el silbido atronador
de un viento nuevo.
Dentro, todo inerte.

Con suerte, mañana
este lugar habrá sido arrasado
y en la plaza del pueblo seremos juzgados.

NO ES UN CUENTO

A veces, acecha la muerte
sin abrir la puerta:
un volantazo,
unas turbulencias,
un meteorito,
un diagnóstico equivocado.
Por un instante,
unas horas lo más,
sentimos la dicha
de ser ciertos.

Efímera gratitud.
Los instintos y la costumbre,
la rutina como refugio...

Y de nuevo insatisfechos,
olvidamos que
la muerte no es un cuento.

ATASCO

Kilómetro ochenta y tres,
emerge otra montaña anónima;
y en la tibieza del asfalto
una línea intermitente
dibuja un nudo, una soga.

¡Montañas ignoradas!
¿Qué escondéis bajo vuestro manto?
¿El anhelo de las ahorcadas quimeras?

*

Más tarde, sol y lluvia:
extraña esperanza
en un destino repetido.

Y de nuevo a cien kilómetros por hora
mientras el espejo retrovisor
intenta retener la mirada del pasado.

CAMBIO DE SENTIDO

A Alejandro García, siempre tras la pista.

¡Detente en la rotonda!
¡Mira las montañas que dejaste atrás!
¡Qué diferentes a cuando las atravesaste,
a cuando de joven —hace un instante—
las tenías de frente!
¡¿Y qué de esa luz nueva?!

En la rotonda de la duda:
¿te atreves a cambiar de sentido?

EL DESPUÉS

Más difícil es retener la libertad
que conquistarla.
Masayosi Makami

Tras la cúspide,
todo esfuerzo previo
transformado en vacío.

Los bienes acumulados,
el éxito social,
la paz interior
o la libertad conquistada…,
todo ello
—alcanzada la nítida meta—
será un vago sueño.

BOMBARDEO

Otro ciclo fallido,
sangre entre las piernas:
derrota de la vida.

CAMINO DE REGRESO

EL REGRESO

Mi rostro ajado
en breve recuperará la pureza.

Quemaré las listas y los expedientes,
los objetivos y lo premeditado
y también a la traicionera prudencia.
Al caminar hacia el sol
abrazaré el árbol de la libertad.
¡Ya no plantaré nuevas semillas!
¡Me bastarán los frutos ajenos,
que morderé con ansia!

Ni mis dientes ni mi piel
ni mi cabello volverán a su esplendor,
pero reconquistaré la fuente de todas las bellezas:
una mirada limpia y serena.

Por fin hoy nos quitaremos la toga,
             el delantal o la bata blanca
para regresar a la avenida
de lo imprudente y lo espontáneo.

BOCANADAS

A Enrique Simón.

¡¿Éxitos y fracasos?!
Tan solo existen bocanadas,
bocanadas de aire.
Respirar, eso es todo. Nada más.

CONTORNO

A Álvaro, Adriana, Manuela y Ana. Gracias.

De nuevo,
el contorno de las cosas,
del sol sobre la roca,
de las miradas;
el contorno del aire
y de las ideas.

Silueta de la lava hecha cerro,
frontera del mar,
silueta de las nubes y los edificios,
del viento y del ruido,
silueta del afán por una noche estrellada.

Al fin silueta nítida de la vida,
polvo sutil que se evapora
en contornos invisibles.

RESPIRAR

—¿Orilla o mar?
—¡Mar, mar, mar
que se expande
más allá de mis costillas!
Y ahora se contrae
sobre mis intestinos.

¡Mar, mar, mar...
soy al respirar!

BRISA

A Max Fourmont.

¡Ser feliz con pantalones cortos
y unas chanclas!
Con la brisa a ras del suelo
galopando por mis dedos.
En las pantorrillas el sol se tiende.
Nada más.

DESPERTAR

Ni en el rebaño de nubes
ni en el trémulo limonero.
Este rayo de sol
en mí se posa
y entrega su vida.

CREACIÓN

Silencio,
en el claustro,
en el no-tiempo.

Con ganas,
despertó al sol,
como un nuevo brote,
como un pájaro
al que brilla la mirada.

AHÍ

A todas, otra vez más.

Ahí,
con los que (de veras)
están en la plaza del Descaro
(es decir, consigo mismo
        y con todos).

Ahí,
en el zascandil juego
de miradas.

EN EL CAMINO

LA MANCHA

*La Mancha es el escenario escogido
por Cervantes para librar la batalla
entre idealismo y realismo.*
Manuel Criado del Val

La Mancha paradójica:
tiene de océano
su colisión con el cielo.

*

En ti ese vacío
que atrapa,
conmueve
y devuelve el alma.

*

Tú, tierra.
Yo, agua.
Barro que escala
al plácido exilio.

*

Tu horizonte
quizás sea yo.

Desde este molino
salgo al encuentro;
cita con tu silencio.

*

Al volante,
miedos arcanos:
los escruto,
ubico
y no los venzo.

Una cabezada
y resurrección
en los infinitos
surcos manchegos
que someten
a verdes,
marrones
y amarillos.
Líneas divisorias
que, al fin,
se imponen al cielo.

*

De una aparente nada
se dibujan, a veces,
unas breves colinas.
¡Qué serenidad y sencillez en vuestro trazo!

Colinas cuya única misión
es levantar conciencia,
conciencia de la llanura de la vida.

*

(Almagro)

Esta arrolladora quietud
de lunes de noviembre
petrifica
la crepitante línea
que agita mi salón
y su conciencia.

Esa raya blanca
entre duras ventanas
saca mi alma
y encierra mi cuerpo.

*

(Daimiel)

El cielo
en el agua.

Y en el agua…
nuestros pies.

*

(A-4)

Abre en tajo la autovía
a La Mancha rasurada:
zarpazos de vid,
olivos, azafrán,
barbecho eterno,
torpes colinas…
Castilla abierta en sus costados.

Atravesada por sueños
que huyen de su hogar;
en la estación de servicio
hipnóticos objetos
evitan mirar
al soberbio azul
de nuestra existencia:
estepa abierta en canal.

ALEPO, 26 DE SEPTIEMBRE DE 2012

A mis hermanos Sara, Sidra, Muhamma, Maan,
Fadi, Maysan, Tamara y eterna Sandra.

¿Escuchaste el silbido del misil?
¿Y el zumbido de la explosión? Yo sí.
Anoche, en la estrechez del locutorio,
oí cómo enmudecían decenas de bocas,
aunque cuatro mil kilómetros de distancia
amortiguaron el temblor.

Las ondas telefónicas, en cambio,
sí consiguieron remontar el vuelo:
la voz de un padre,
¡bum!
y, de nuevo, la voz de un padre.
De pronto,
Alepo se atrincheró en mi cabina.
Todos respirábamos el mismo aire cálido.

Fuera, en la calle,
la normalidad.

ALBAICÍN

A Marta Torres y David López.

Sobre la maraña de dunas blancas,
en perfecta suspensión,
justo antes de rozar el suelo,
un rebaño de lágrimas negras.

Avenidas de los sueños.

ARRECIFE

Capital de solares
y muros medianeros
—tan solo revestidos
de sol y viento—.
Escenario de soledades.

PIEL Y CARICIA

La piel:
río,
a veces suave,
a veces bravo,
que separa cada palpitar
del resto del universo.

Una caricia:
puente que suelda
nuestros sueños y anhelos.

LIMONERO

Se difuminan las estrellas
con el alba y el rocío.

Los limones resplandecen.

RUISEÑOR

Falaz ruiseñor,
en las zonas comunes
se oye tu canto:
en una serie,
en un cuadro,
ahora en la gran pantalla.

¡Cuán pocos te han escuchado
y cuántos te invocan!
Con tu mítico trino
te cuelas en metáforas, novelas,
en cualquier tertulia
y hasta en este poema
donde, con estos versos,
te daré justa muerte.

OLA MUERTA

Gran ola que muere,
ola redonda hecha barro
que se arrastra por la orilla;
terca y espumosa resistencia
a todo lo nuevo.

Y LA CARNE

A Jorge y Ricardo Cuadra.

Y la carne,
mi carne,
se hizo sexo.

GRAVE ERROR. POÉTICA

¿Por qué le dio por la puñetera poesía
a un disléxico como yo?
¡Qué estupidez y qué atrevimiento!
Tantas horas de artesanía
para un puñado de míseros cuentos.
Debería haberme quedado en la taberna,
en el arte dramático
o, tal vez, en la plástica.
Aquel estúpido impulso literario...
fue, sin duda, un grave error.
¿Por qué nadie me detuvo?

Con este último verso renuncio a mi gabinete,
y mi ausencia dispondrá de otra habitación.

PROCREACIÓN

VERA Y GAEL

Cada pequeño paso,
brazada
o palabra nueva,
cada fresco razonar
entre templados alientos.

Cada gesto vuestro
teje mi alma,
mi piel...,
nuestra biografía.

NUNCA ES PRONTO

CONJUNCIÓN DISYUNTIVA

Tan involuntario como un estornudo,
o como el proceso colectivo
de las súbitas guerras.

Tan involuntario como la conjunción disyuntiva «O»
este mediodía en el epicentro de Castilla-La Mancha
con esta señal de tráfico azul
como el día en que te conocí,
y en que te conoceré
y dejaré hueco en mi armario
para tus vestidos.
Y te espero en este octubre de solitudes
y espero a los Ginkgos bilobas y sus hojas caídas
en el Jardín Botánico de Granada
o en la calle Príncipe de Vergara de Madrid.

Sí la hay.
Mientras cabalgamos en las líneas discontinuas
como conjunciones disyuntivas que te esperan.

EL ALACRÁN

Una caña lenta en el cisne azul,
conversar sobre Bach en Pachá,
echar la persiana, puta y casta, en el Fusión,
abortar en Belén
porque no hay hormona
que pueda domar
el anhelo y el alarido de,
por un instante,
gobernar la humanidad,
es decir, gobernarse a uno mismo
con el deslizar del pelo de yegua
sobre una noche disyuntiva.

Abortar en Belén
porque no hay hormona
que pueda domar
la condición de un alacrán.

SURCO

Turbación, temblor y odio
o
encontrar tu surco,
mirada viva,
muerte serena.

SANDRA

Esas
dos últimas lágrimas
cayeron sobre la tierra
como cohetes
a la eternidad.

MACH

A Alberto Morell.

Porque
cada
noche
tiene
una
bala
y
tú
eres
mi
único
objetivo.

FUGA SIN FIN

A Pablo Palacios, apasionado.

Vivir según las leyes eternas,
esas que cada uno
desde nuestra plena voluntad
un día decretamos
para nosotros mismos.
Vivir según las leyes eternas
y contra nuestra voluntad.

VUELA, AMIGO

A Javier Zaballos, escritor.

Mi alma se rebela a veces.
No caben sus alas en esta horma.
Me estoy haciendo demasiado pequeño.

Tú sabes tener las ventanas abiertas.
Cierro los ojos.
Con claridad puedo ver el batir de tus alas.
Vuela.

TELÉMACO CAÑADAS

A Aureliano Cañadas.

Cuando uno arenga el levantamiento,
cuando se teje el discurso en cada bando,
cuando aprietan el gatillo
y llenan de sangre
la misma tierra que los vio nacer,
      cuando alguien dispara a un hombre
—un día de 1936—,
quizás no sepa
que un eterno niño
      (llamémosle Aureliano)
seguirá invocando ese instante
ochenta años más tarde
en cada uno de sus versos.
Tras cada víctima
nace un nuevo sueño de ser Telémaco:
la quimera del imposible reencuentro.

Lo que Aureliano nunca imaginó
      es que Telémaco,
      en su Olimpo,
      lee junto a su padre
          cada uno de sus versos.

CAMPANADAS EN PINTO (SEGUNDA NOCHE)

A Ruby Ezziani.

Tras tanta embestida
y lucha
de nuevo suenan las campanas en Pinto.
Leyenda de las arcas
cuyas puertas se abren
y hacen arrojar la luz
y una ola del Atlántico
al epicentro de la península,
donde una misteriosa piedra
entre tus sábanas brilla...
Y ahí me emborracho
y bebo todo tu latido
y nuestra existencia.

EN EL FONDO DEL RÍO

No te bañarás dos veces en el mismo río.
Ni tan siquiera leerás dos veces el mismo poema.
No vivirás jamás el mismo día,
porque cada alba es un universo nuevo.
Luz y agua virgen que brota tras tu móvil.
Y tú, ignorante, perdido en el ayer y el mañana:
        ¡Despierta!
En este instante preciso e irrenunciable
            en que la luz se posa en nuestro rostro
                    y tus pies, nuestros pies, entran
                    alegres en el agua fría.
        ¡Despierta!
No te bañarás dos veces en el mismo río.
Ni leerás dos veces este mismo poema.

ODA A RUDOLF HOSS

Yo doy el tiro de gracia
y seré condenado a muerte...
Otros dan una sonrisa
al niño al que vende una piruleta
en la tienda que regenta
en esa pequeña ciudad
donde se fabrican misiles
que son llevados a lugares recónditos.
Yo seré condenado a muerte
mientras ese dependiente,
cuyas chucherías están pagadas
por vuestra muerte recóndita,
morirá anciano
y aplaudido
en su bello pueblo
del medio oeste.

EL RETRATO (ÍTACA II)

Vera, Gael, Ismael y Cavafis
para Paco Montañés
(Madrid, verano de 2023).

En los caminos me detengo y veo las nubes.
No tengo prisa.
Diadié

Cuando emprendas tu viaje a Alcalá la Real,
pide que el camino sea largo,
lleno de pinceladas al óleo, acrílico o acuarela,
lleno de experiencias.
No temas a vuestro rostro final
ni a un mal gesto,
semblantes tales no hallarás en tu retrato
si tu pensar es elevado, si selecta
es la emoción que toca tu espíritu y tu cuerpo.

Ni borrones ni tachones,
ni a la salvaje decepción encontrarás
si no los llevas dentro de tu alma,
si no los yergue tu alma ante ti.

Pide que el camino sea largo.
Que muchas sean las cartas de Montañés
en que llegues —¡con qué placer y alegría!—
a bocetos nunca vistos antes.
Te extraviarás en la tentación junto a san Juan de la Cruz.
Te descubrirás en los párrafos de Zimma, de Diadié.
Aprenderás a saber por dónde cortar
y a atinar con la medida de cada copa de vino.

Detente en los museos de Florencia
y hazte con hermosas líneas,
dos iris escarlatas, retratos de Cecchino del Salviati
y toda suerte de *lettering*,
cuantas más letras y trazos sutiles puedas.
Ve a muchos lugares
a aprender, a aprender de sus pintores.

Ten siempre EL RETRATO en tu mente.
Verte en aquel tapiz es tu destino.
Mas no apresures nunca el viaje.
Mejor que dure muchos meses
y descansar, los tres Istambul juntos, en ese lienzo
enriquecido de cuanto ganasteis en el camino
sin esperar que el retrato os enriquezca.

El retrato te brindó tan hermoso viaje…
Sin él no habrías emprendido esta senda.
Y, sin embargo, aún tiene mucho que daros
a los tres y a generaciones venideras.

Aunque te halles invisible, ninguna pincelada te decepcionará. Así, libre como te has vuelto, con tantas pinceladas y alegría, entenderás, al fin, qué significa ser retratado por Paco Montañés.

DÍA A DÍA

A los integrantes del Club Revista Pronto
que saben atrapar cada noticia e instante:
Mónica, Sandra, Inés, Conchi, Lidia, Víctor y Miguel.

El amplio ayer, el gran mañana.
¡Olvidaos!
Cada día es una pequeña vida.
«¡No hagas el ridículo!», gritan los dioses.
El presente es suficiente.
La eternidad de este instante
en que yo escribo estas palabras
y tú las lees.
¡Despierta de tu rumiar!

Di humildemente sí.
Este instante es suficiente.
Este instante es glorioso.

UN BUEN DÍA

A Fernando Arribas, ejemplo de Patria.

Ayer se me pasaron tres plazos judiciales.
Me quedé dormido y no llegué al más
              importante de mis juicios.
Y con ello me inhabilitaron como abogado.

Los amigos, a cuyo rechazo tanto miedo tenía,
me enviaron un *whatsapp* rompiendo conmigo.
Ayer se me acumularon las gestiones sin hacer.
Me usurparon las claves de correo electrónico e *Instagram*
y mi móvil murió accidentalmente en el retrete.

Ayer ardió mi casa y todos los libros que había escrito.
También ardieron mis camisas, ordenadas según
              el color y el día de la semana.

Ayer también me atropelló un autobús y esta
              mañana ha sido mi entierro.
Todo eso y mucho más me ha ocurrido.
Y hoy, desnudo y libre, grito al viento esta
              suerte de versos sin dueño.

... ES AMOR

Ofrece esa mierda a tu Dios.
No temas. Él, Todopoderoso,
Creador también de tu intestino,
jamás se ofenderá
y entenderá que has emprendido
tu camino de regreso.

EL FARERO

A Mario Sanz Cruz.

Cuatro destellos
cada veinte segundos.

Algo de caracol,
algo de descenso al universo,
algo de ascenso al magma,
al agua y a tu aliento.

Entre el farero Eustaquio Gandolfo y Mario Sanz,
entre cada cabo de esta galaxia,
entre el mito de cada destello,
y el cuarto de baño de cada faro,
tan solo hay un instante de silencio.

Una esfinge de la eterna búsqueda del encuentro.

CUERPO ROTO

A Heidy González, gracias.

Romper el cuerpo en infinitas partículas.
Confusión.
Sin pensamientos,
ni latir.
Puro dolor
en cada instante,
expansión
al fondo del cosmos.

Rendición a toda resistencia
y a esa lucha por no ahogarse...

Ahorcada toda luz,
la angustia entronizada.

Al fin, el dolor puro.

MIGUEL NIÑO

¿Es un pájaro, es un avión…?
¡No, es Miguel Niño
que sobrevuela el ateneo de nuestro corazón!
Porque la vida te va dando collejas,
una tras otra…
Porque Dios aprieta
y, a veces, ahoga.
Pero aquí llega sobrevolando
Miguel Niño,
que nos regala unos versos perfectos
para hacernos levantar el vuelo.
¡Cuánta generosidad e inocencia!
¡Cuánto de esperanza hay
en tus versos y en tu acción!
¡Y cuánto en ese «jamás quedarse quieto»!,
porque hay personas de un instante
que perduran en el tiempo.
Esa es la mirada del recién llegado:
Miguel Niño,
Miguel Niño.

LA TINAJA

LA TINAJA

*Aren't you tired trying to fill
that void or do you need more?*
Lady Gaga

Cada día, al despertar,
la misma tinaja vacía,
la mismísima
de todos los días nuestros,
los de ayer y mañana.

Cada día rellenar ese doloroso vacío
con lo que cada uno quiera,
con lo que cada uno pueda,
con lo que tenga a mano.

Cada alba ante esa nada,
incómoda cavidad
que impulsivamente rellenamos
de estúpidas o mágicas experiencias,
de conversaciones,
de prensa amarilla, crónicas negras,
blanca lencería,
de verdes, ocres o rosas,
de odios o anhelos,

de un partido de fútbol,
de una pretensión de transcendencia,
con una lista vital,
con unos zapatos nuevos,
con una cita hueca.

Rellenar ese doloroso vacío
con lo que cada uno quiera,
con lo que cada uno pueda,
con lo que tenga a mano.

PARTO

Embarazo de un instante,
parto eterno.
Volcán contenido,
esta pulsión,
esta vigilia
ante la muerte.

Mayo avanza
y, al abrir la caja, gritamos:
«¡Vida, hay vida!».
Los gusanos sobrevivieron.
Y un libro nació
        de las calles vacías.

NATURALEZA PROCLAMADA

Atravesar la pared.
Atravesar las pantallas.
Atravesar los rectángulos.
Saltar en busca
del agua dulce.
Agua salada.
Escalar la montaña.
Despojarme de mi alma,
de mi casa,
de esta cuarentena.
Rondar para siempre la montaña.
Habitar la esencia.
Despojarme de mi ropa,
de cada rectángulo,
de cada clave cifrada.
Ir al encuentro
de las aguas que bajan la montaña,
de las aves que surcan el lago,
del océano que esconde futuras especies.
Irme desnudo, despojado,
a la luna, a otras galaxias.

Y, con perspectiva, reírme
de esta pandemia,
de esta cuarentena,
de esta condición humana.
Atravesar la pared.
Atravesar las pantallas.
Atravesar los rectángulos.
Fundirme y ahogarme en el agua:
naturaleza proclamada.

TINAJAS DE LA MANCHA

Tinajas varadas
en el océano seco.
Espacio sin fin
donde las almas renacen.

VIDA

Muchos golpes
y alguna caricia.

LA TINAJA II

La tinaja
de tierra y agua.
(Necesario repetirlo).

La tinaja de fuego y frío.
(Necesario invocarlo).

La tinaja
posada en la superficie.
(Como tus pies ahora).

LA OSCURIDAD

Venimos de la oscuridad,
a la oscuridad vamos.
Volamos en la nada
y he aquí nuestras alas,
por un instante,
reflejadas en la oscura hoguera.

Ese brevísimo instante,
destello en la tenebrosidad,
        lo es todo.

INSPIRO, ESPIRO

Inspiro:
el columpio se retrae hacia atrás
        en perfecta oscilación.
Espiro:
el columpio se expande hacia el firmamento.

Inspiro:
la ola regresa al mar y se repliega en sí misma.
Espiro:
la ola se expande por la arena infinita.

Inspiro:
el fuego se contrae y transforma en brasa queda.
Espiro:
la llama resucita y se expande
        hasta fundirse en otros fuegos.

Inspiro:
regreso a mi esencia, a mis entrañas.
Espiro:
rumbo a la luz exterior, a nuestro encuentro.

SENDA

Inspiración lenta y atenta,
aire en la nariz,
    en la garganta,
        en el pecho infinito.
Momento y lugar en que el aire
    se casa con una expiración acuciante.
Ese lugar común, ese momento
    en que se está dormido y despierto.

Espacio preciso
entre el sol y yo;
cuerpo desnudo,
silencio redondo.

ESPACIO

A Uriel Pascual.
Curiosa amistad.

Cuerpo en arco sublime
que se estira
y se expande en el universo.
Arco en tensión,
brazo como flecha
que se lanza y rompe en mil pedazos.

El muro sin huecos,
la dentadura impecable,
el telón perfecto
que no deja el más mínimo espacio
donde la vida ocurre.

Mi cuerpo como un arco,
mi brazo: la flecha
en el espacio infinito
y en la distancia precisa;
en el silencio galán:
la perspectiva
para ser ciertos.

CONDICIÓN

No hay credo
ni gurú
ni largo caminar o meditación
que puedan remediar
el barro del que estás hecho.

No hay remedio a tu condición
de tierra clara,
      de agua turbia
con que fuiste torneado.

TINAJA Y NIÑO

En el fondo de la tinaja
el niño que un día fuimos
grita y grita,
pide nuestro auxilio.
Solo escucha el eco de sí mismo.
Salta y salta.
Solo atina a ver el redondo cielo
y un precipicio.

NARANJOS

A Francisco Gil Cravioto.

En sus raíces alzadas al cielo,
tronco austero,
ramas que gritan
y tallos nuevos.
Tupido verde sin fisuras.
Naranjas eternas de abril.

Hay naranjos que contienen en sí
la infinitud del universo.

PRECIPICIO

Abrir los ojos:
filo de la tinaja,
precipicio de los párpados y el vacío.
¿Aferrar el alma a la tierra?
Nunca más.
Saltar y volar.

OLMO

El rubor es el color de la virtud.
La pobreza autodidacta es una ayuda
hacia la filosofía.
Diógenes de Sinope

Desciendes del monte sagrado
 y te despojas de nuestros disfraces
 y cruzas desnudo la ciudad
 y asciendes —pisando la nieve virgen—
      al Veleta.

En cada paso tuyo
 hay algo de regreso,
  algo de plena cordura y conciencia.

En tu desnudo caminar
 hay algo de retorno a ese mundo previo al *iPhone,*
  previo al nacimiento del comercio,
   al primer credo, al primer pudor.
Un paso firme y sereno.
Un paso desnudo
que mides con sabiduría.
¡No, no cejes en tu empeño,
pues tus descalzas pisadas

dibujan un mañana
en que una sociedad más perfecta
se ruborizará al ver a un hombre vestido!

¡Olmo,
       avanza en el crepúsculo del alma,
            cresta de la lucidez a cada paso!
            (Desde los dedos hasta la punta de tus cabellos).
Cada pisada reabre
       viejas heridas.

Ahora Olmo galopa desbocado
y con su corazón salvaje
galopa por colegios religiosos,
galopa por clausurados campos de fútbol,
galopa por nuestras conciencias.

¡Como el más perfecto heleno,
       como el más bello cínico,
           suplicando ser arrestado en su encomienda!

Bajas del monte sagrado
y te despojas de nuestros disfraces
       y asciendes —pisando la nieve virgen—
           a nuestro epicentro.

TINAJA COLMADA

Invoqué al alfarero
y demás dioses.
Me
invoqué
a
mí
mismo.
De tanto buscar la luz,
de tanto habitar la vida,
mi tinaja se colmó
ahora de agua,
ahora de aceite virgen y puro,
ahora de aire
rebosante y en conexión
con el espacio infinito.
Tinaja colmada.

TINAJA VERDE

Trepan gritos por la tinaja.
Bombilla encendida en sus intestinos.
Barniz dorado en su desfiladero.
Curvas suicidas.
La tinaja canta alabanzas:
repletas de tierra y raíces.
Y de agua al ocaso,
ríos de agua
que brota de una manguera fina y verde,
que extiende el grifo hasta el infinito.
Maceta alberga el alfabeto.
Tinaja verde ocre.
La tierra y el estiércol (de hiena)
transformados en turgentes nísperos.
La lluvia artificial suena con ímpetu.
La tinaja canta alabanzas.

TINAJA DIVINA

A mis hijos Vera y Gael, de nuevo.

Porque los dioses vinieron a verme
y, magnánimos,
llenaron mi tinaja, mi ser,
      de vuestro aliento,
      vuestros juegos,
      vuestra ternura e inocencia,
      vuestra voz diciendo «papá».
Dioses generosos
que con su varita
colmaron mi existencia
y os hicieron dormir junto a mí
para entregarme vuestro calor.

Me regalaron vuestro trémulo discernir:
      el Todopoderoso que me hizo Dios por una década.
¿O acaso no será que todos los dioses
      se reencarnaron en vuestras dos existencias?
Esos años en que, al tropezar,
      buscabais mi abrazo, mis palabras.
Década en que al encestar sin rozar el aro
      (o cualquier otra hazaña),
lo enmarcabais en mi mirada.
Diez años y pico hasta el día

en que los dioses os hagan partir,
        os hagan un vacío infinito y doloroso
            en vuestro estómago,
que saciaréis con vuestros cantares
        tan y tan lejanos a mi epicentro.

Partiréis y anhelaré esos diez años
        en la otra media vida que me resta.

Tinaja divina de vuestra infancia.

PUNTO DE QUIETUD

¿Y si el punto de equilibrio no estuviera en el lugar en que se besan la base de la tinaja y la superficie que la sujeta? ¿Y si el punto de quietud estuviera en un lugar secreto de nuestras entrañas?

En un rincón del insaciable espacio interior, allí donde la dolorosa cavidad nos empuja a la caza. Punto de quietud en un recóndito lugar de nuestro alarido:

Profundidades oscuras de la tinaja.
Punto de quietud.
Bóveda celeste e infinita.
Tinaja.

EPÍLOGO

Aureliano Cañadas

¿Desde cuándo conozco yo a Ismael
Samir Istambul Ali Ghanan?
No estoy seguro
(de nada)
y, sin embargo, sé
que nuestra amistad es
sagrada, suponiendo
que exista algo sagrado
(y es mucho suponer).
De lo que nunca dudo
es de que compartimos
algunas,
más o menos secretas,
complicidades:
la añoranza de un reino nazarí,
la constante manía
hacia doña Isabel, la muy Católica,
la compasión
por Boabdil,
que, además de perder
un reino,
tuvo que soportar

los amargos reproches de su mamá.
Y creo haber seguido
la obra de Istambul
desde sus versos
primeros.
¡Ah, qué gozada
constatar sus progresos
en esta antología
incívica!
Dejo a qué compañero de tertulia
el detallado análisis
de estos poemas.
Digamos solo
que su ritmo supone
una indudable
madurez, alejada
de ripios y asonancias
propios de una inexperta juventud.
Ismael aprendió
a sorprendernos
con la última estrofa,
a no caer jamás ni en redundancia
ni en la cursilería.
Tenemos, como no
podía ser
de otra manera,
la misma concepción
del universo,
la poesía y
la vida.

ÍNDICE

POESÍA INCÍVICA

A LA IDA

CAMINO DE REGRESO

LA TINAJA

EPÍLOGO

SONVMBULOS
EDICIONES